하늘 허물기

하늘 허물기

정군수 시집

인간과문학사

시인의 말

아침해가 들녘에 스미면
풀들은 이슬손으로 받습니다.

이슬이 내 몸에 스며들면
그때서야 나도 풀의 시를 씁니다.

친구에게 독자에게
길짐승에게 날짐승에게
살아있는 것들에게

내 삶의 아홉 칸 중 여섯 칸은
먼지가 쌓이고
나는 세 칸으로 시를 씁니다.

스며들지 못한 것들을 버리려고
먼지 쌓인 빈칸으로 갑니다.

2025년 여름
정군수

차례

시인의 말　5

제1부
붉은머리오목눈이, 그리고 겨울밤

밤하늘이 아름다운 이유　14
꽃을 찾아서　15
죽부인　16
종갓집 대추나무　18
설날에 내리는 눈　19
붉은머리오목눈이, 그리고 겨울밤　20
아까시꽃　22
예초기 칼날에 살아난 꽃　23
가지치기　24
초록 앞에서　26
인공폭포에 뜨는 무지개　28
세월　30
사전연명의료의향서　32
하늘 허물기　33
석정의 감나무　34
꽃의 만장輓章　36

제2부
무식허게 꽃이 피었다

빛과 어둠　38
또 초록　39
청호반새　40
2021 겨울, 정치풍속도　42
첫눈의 기억　44
소리　46
문　47
마늘종을 뽑는 남자　48
나중에 가는 사람　50
내가 가는 날　51
몸살　52
가을이 그리운 건　53
병원대합실　54
무식허게 꽃이 피었다　55
마른 풀들의 노래　56

제3부
억새꽃, 흰빛의 절박함에 대하여

김장을 끝낸 겨울 배추밭	60
겨울 샛강의 철새	62
안개꽃	63
단풍 1	64
위대한 유산	65
산불감시원	66
참깨꽃	68
흑백 필름	69
나목	70
낙화	72
산	74
가뭄	76
신성리 갈대밭	77
억새꽃, 흰빛의 절박함에 대하여	78
미늘	80
할머니의 사계	82

제4부
고목나무에 들어있는 불

사랑 1	86
사이	87
옥수수밭 푸른 바다	88
낙화 이후	89
고목나무에 들어있는 불	90
매화 생각	92
망초꽃	93
순창 팔덕면 남근석	94
신 단군신화	96
길	98
막차	100
내가 찾아가는 오월	102
뱀딸기	103
백련사 겨울로 가는	104
녹음	105
세한도	106

제5부
오백 년 은행나무에게 길을 묻는다

억새가 바닷가로 내려간 까닭은 110
개나리꽃 누이 112
가슴에서 자라는 나무 113
단풍 2 114
귀향의 시간 115
소양강을 지나며 116
겨울 강둑에서 버린 것들 118
벽골제에 가면 119
10월의 시 120
자랑 121
이팝꽃 122
지리산 천년송 123
장례식장 수족관에서 사는 물고기 124
오백 년 은행나무에게 길을 묻는다 126
남은 달력 두 장 128

제6부
시비詩碑가 시비是非가 되자

곰소항, 새로 태어나는 132
사랑 2 133
단풍 따라하기 134
어머니 이름 135
돌 136
오동꽃 137
시비詩碑가 시비是非가 되자 138
서설瑞雪 139
어둠이 빛이 되는 순리 140
명왕성을 따라간 할머니 142
황태 143
직지直指 144
장마의 전설 146
덕혜옹주를 만나고 오는 길 148
거울 속의 눈썹 150
농촌진흥청 사람들 152

해설 | 생명과 시간에 대한 근원적 사유와 사랑의 마음 156
— 유성호(문학평론가, 한양대학교 국문과 교수)

제1부

붉은머리오목눈이, 그리고 겨울밤

밤하늘이 아름다운 이유

큰 별이 가끔
하늘 뒤로 숨는 것은
작은 별들이 반짝이게 하기 위해서다

큰 별만 반짝이면 하늘은 너무 작아
작은 별들은 눈부셔서 살 수 없다

보석을 뿌려놓은 듯
밤하늘이 아름다운 것은
큰 별이 뒤에서 작은 별들을
자꾸 앞으로 밀어내기 때문이다

꽃을 찾아서

꽃은 현재형이다
오늘 꽃이 피고 오늘 꽃이 진다

그가 묻어두고 온 과거도
그가 몰고 올 미래도 현재형이다

꽃은 피는 의미를 말하지 않는다
허공으로 지는 자유를 생각하지 않는다

꽃 속을 간다
꽃의 진실을 찾으러 간다

죽부인

신부님이 작은부인 얻었다고
신도들이 몰려와 뒤졌더니
죽부인 하나 나왔다고

애먼소리 듣는 것보다
죽부인은 더 슬프다

가을이 오니 신부님과 이별을 해야 한다
또 한 해를 기다려야 한다

왜 죽부인으로 태어났을까
차라리 대나무 참빗으로 태어날 걸

신부님 고해성사 들으러 갈 때
눈 감고 들으라고 눈썹까지 빗겨드릴 걸

촘촘한 빗살 틈으로 들어온 햇볕 엮어
흰머리 빗겨드릴 걸

남사스럽게
그냥 작은부인으로 태어날 걸

석녀보다 차가운 여인으로 태어날 걸

종갓집 대추나무

종갓집 마당에 대추나무 한 그루 서 있는 것은
조상 할아버지 한 분이 사시는 일이다
처마가 깊은 지붕 아래서
조상 할머니 한 분이 신주를 모시는 일이다
제삿날 종갓집으로 모여든 일가친척들은
올망졸망 대추나무에 열린 열매들이다
종갓집 마당은 바람이 그칠 날 없지만
대추나무는 눈도 꿈쩍 않고 바람을 재우고
너른 마당을 거느린다
제삿상 맨 왼쪽에
가부좌로 앉아 절 받는 대추 한 접시
큰기침 한 번으로 후생은 조용하다
종갓집 마당에 대추나무 한 그루 자라는 것은
먼 옛날이 뿌리로 스미는 일이다
현재와 미래가
열매를 달고 한꺼번에 몰려오는 일이다

설날에 내리는 눈

나를 만나려고 먼 곳에서 오시는 분이 있습니다
그 분을 맞으러 하얀 입김 날리며
고샅길을 빠져나와 긴 논둑길을 달려갑니다

설날 아침
제삿상 차리기도 전에 먼저 찾아오시는 임이여
무명 두루마기 입고 마당으로 들어서는 임이여

은하를 건너 목화밭에 내리던 눈이여
설 전날 진외갓집 우물가에 내리던 눈이여
하늘 끝에서 오시는 님이여

나무들이 두 팔을 벌리고 서 있는 하늘 사이로
나도 축복처럼 두 팔을 벌리고 따라갑니다

제사가 끝나면 토방까지 눈이 쌓였습니다
세배 받고 가시는 할아버지 고무신 발자국이
눈을 따라 하늘로 이어졌습니다

붉은머리오목눈이, 그리고 겨울밤

붉은머리오목눈이 부부가 눈 덮인 풀섶에서
째재잭 째재잭 풀씨를 줍는다

고 솔방울만 한 것이
까칠한 깃털을 비비며
겨자씨만 한 풀씨를 찾아 풀더미를 넘는다

뻐꾸기를 제 새끼로 알아
햇살 꽂히는 오월의 숲을 팔랑거렸을
고 호두알만 한 것이
자식을 걱정하는 추운 밤

자두알 만한 것이
새끼 데려간 뻐꾸기 노래를 생각하는 밤

몸으로 짓지 않고, 생각으로 짓지 않고
날개 하나로 먹이를 지어 나르던 서러운 것이
만리장성을 찾아가는 밤

담배씨만 한 겨울 햇살이
붉은머리오목눈이 붉은 점 위에서 봄을 만든다

작은 것이
큰 날개로 파닥이는 가장 추운 겨울밤

아까시꽃

문득, 아까시꽃 피었다
초록과 초록 사이 하얀 향기 눈부시다
박토에 뿌리 박고 세상 알게 모르게
제 몸에 가시 키워 아까시꽃 피었다

들녘과 들녘 사이
들꾼으로 살다 문득, 시집 한 권 내고
들꽃들 박수 받으며
알게 모르게 들녘 황혼 따라간 시인

초록과 초록 사이 아까시꽃 스러졌어도
큰 나무가 부럽지 않다
아까시꽃
너만큼만 살아도 꽃밭으로 가고 싶지 않다

들녘과 들녘 사이 제 몸에 흙빛 키워
문득, 시집 한 권 내고 풀뿌리 곁으로 갔다
들꾼 시인
너만큼만 살아도 큰 시인이 부럽지 않다

예초기 칼날에 살아난 꽃

땡볕 내리쬐는 유월
차들 씽씽거리며 달리는 아스팔트길
마스크로 얼굴을 가린 아저씨 풀을 깎는다

예초기 칼날에 여지없이 잡초가 나뒹군다
작업이 끝난 아스팔트 가로수길
놀라운 일이다

노오란 꽃 한 포기가 오롯이 남아있다
예초기 칼날 지나갔어도
금계국 한 포기 살아 남았다

예초기 어디 가고
그분
인정스런 꽃 한 포기 남았다

예초기 칼날 위에 꽃이 피었다
칼날에 살아난 꽃
금계국 한 포기 세상길을 열었다

가지치기

바람 불고 추운 날
농부들이 과일나무에 올라 깃발처럼 나부끼며
가지치기를 한다

그날 밤 나도
내 몸에 사다리를 놓고 가지치기를 하였다

하늘을 향하여 치솟은 오만한 가지
옆으로 길게 드러누운 게으른 가지
마디마디 붙어있는 속 좁은 가지

나도 모르게 내 몸에서 자란 가지들을
사정없이 잘라
볕 바른 양지에서 불을 놓는다

이제 재가 된 가지를
뿌려주면 그만이다

나는 허물의 가지를 먹고 또 태어난다

열매야 크건 작건
내 가을이 오기를 기다리면 된다

초록 앞에서

얼마나 많은 꽃들이 죽어야
초록이 되는가

흩날리는 꽃비를 맞으며
땅바닥에 떨어진 꽃잎을 밟고 가면
초록은 눈부신 산이 된다

초록과 초록 사이에서
꽃들의 넋은
큰 눈으로 태어나 열매를 맺는다

초록은 틈을 내어주지 않지만
하늘은 틈을 내어 바람을 불러다가
마지막 봄을 키운다

얼마나 많은 초록이 무너져야
봄은 가는가
얼마나 많은 봄날이 길을 잃은 뒤에야
내 청춘은 갔는가

초록과 초록 사이에서 꽃들이 죽은 봄날

내가 잃어버린 청춘은
무릎을 꿇은 기도 앞에서
초록 매실 한 알로 태어났다

인공폭포에 뜨는 무지개

폭포 하나 지니고 시를 쓰고 싶었지만
내 가슴에 우러르는 높은 절벽이 없어
포기하고 살았다

얼음폭포처럼 부서지는 시를 쓰고 싶었지만
내 가슴에 맨발로 넘어야 할 설산이 없어
인공폭포 하나 만들어 놓고 살았다

물도 마르고 시도 마르고
폭포 소리도 잃어갈 때
나는 문득 인공폭포에 뜨는 무지개를 보았다

햇볕이 든 잠깐 사이
인공폭포의 비말에 섞여 뜨는 무지개
나는 그것이 나의 시라는 것을 알았다

세상 사람들이 볼 틈도 없이 사라지는 무지개
내 눈에만 보이는 황홀한 무지개

오늘밤 나는
인공폭포에 뜨는 무지개를 보려고
잠 못 자고 시를 쓴다

세월

그때가 삶의 처음이었을까
출발의 시간을 잃어버린 나는
어느 곳으로 가는 줄도 모르고 기차를 탔다
푸르른 들녘을 지나
단풍잎 눈물겨운 산길을 넘어
벗은 나무들이 사는 세상을 지나갔다
겨울로 가는 길에는
기차가 머물지 않은 간이역이
낡은 깃발처럼 흔들리고 있었다
죽은 새를 보고 알았던 세월
너무도 쉽게
기차는 겨울 터널 속으로 빨려 들어갔다
벌써 내 머리는 상고대처럼 희게 빛났다
너무도 빨리
차가운 편안함에 안겨 있는 나
겨울 터널을 지나면
또 다른 세상이 나를 기다릴 것이다
내가 사랑했던 사람들
손을 흔든다

살아온 풍경을 뒤로 밀어내며
기차는 모르는 세상을 달리고 있다

사전연명의료의향서

덜컹거리는 심장박동기를 떼어냈다
상한 열매만 여는 과일나무 한 그루가 쓰러졌다

쌕쌕거리는 산소호흡기 줄을 걷어냈다
빗물 새던 헌 집 한 채가 무너졌다

찌릿찌릿한 링거바늘을 뽑아냈다
물이 새는 자갈논 한 떼기가 허물어졌다

보건소 문을 나오며
아내와 나는 서쪽 하늘을 훨훨 날아가는
흰나비 한 쌍을 보았다

하늘 허물기

시를 찾아가던 소년이
하늘 뒤에 시가 있다는 것을 알고

죽어라 하늘을 허물다가
늙어버렸다

시 하나 찾지 못하고
늙어버린 소년은

지금도 하늘을 허물고 있다

석정의 감나무

석정문학관 청구원* 뜰에는
해마다 껍질 벗고 새 옷 갈아입는
늙은 감나무 한 주가 살고 있다
석정 시인 손잡고 자란 나무라 하여
나는 석정의 감나무라 호명하였다
봄볕 내리는 청구원 마루에 앉으면
벽오동 은행나무 다 움트고 난 뒤
더디게 물 오르는 소리
감나무를 부르면
들녘 푸르러 석정 녀름짓던* 소리
장독대에 햇볕 쏟는 소리
석정문학관에서 가만히 내려다보면
우렁우렁 감알 굵어가는 소리
그 노래를
청구원 횃대에 걸어놓으면
먼길 가는 석정의 두루마기가 되었다
어두운 밤에는 별을 보는 나무
석정 시인처럼 고향을 떠나지 못한 나무
구름 머흘던* 날

청년 시인의 손을 쥐어주던 나무
서리 내리고 바람 불면 알몸 드러내고
세상으로 저를 던지는 나무
나는 장독대 항아리에 감을 넣는다
설산 넘어오는 사람과 나누려고
혹독한 겨울이 다가도록
석정의 이름을 갈무리한다

*청구원: 석정시인 고택

*녀름짓다: 농사짓다 고어

*머흘던: '험하던'의 고어

꽃의 만장輓章

6년을 키워온 철골소심이
한 잎 한 잎 떨어져 시나브로 죽어가더니
황폐한 뿌리 사이로 폿대 하나 올려놓았다

결별의 선언이듯 가냘픈 심지 하나가
붉은 꽃잎 몇 달았다

나는 안다
저게 보은의 죽음이라는 걸
나는 꽃잎 떨어지는 하관의 땅을 찾아
장엄한 장례 준비를 해야 한다

지금은 아침이다
해가 뜰 때 꽃잎에 맺힌 하얀 눈물로
만장을 써야 한다

철골소심이라는
외강내유로 살아온 이름으로
먼길 가는 바람을 불러와야 한다

제2부

무식허게 꽃이 피었다

빛과 어둠

빛의 문 앞에서 나는 차단된다
어둠의 문 앞에서 나는 새벽이 된다

육신을 삭아내리게 하는 빛의 뒤에는
명상을 태어나게 하는 나의 어둠이 있다

빛은 갈대를 시들게 하지만
어둠은 꺼진 등불을 살아나게 한다

지배자가 된 빛 뒤에 나는 누워 있고
무대가 된 어둠 앞에 나는 서 있다

어둠을 말살하는 문을 빠져나와
나는 빛이 고이는 문으로 들어선다

또 초록

내 갈비뼈에 숨어 살던 초록씨 하나가
분분하게 꽃잎 지는 날
뼈 마디마디 초록물 키웠다

내 심장에서 숨을 쉬던 초록잎 하나가
실핏줄까지 초록 가로수길 만들었다

나도 모르게 가슴으로 들어왔던
작은 산 하나가
온몸을 초록 산으로 덮었다

몸에서 물소리가 난다
초록 산맥은 이미 바다로 가버렸다

창문을 열면
산이 먼저 내 안에서 푸르다

청호반새

가장 높게 날아도
가장 낮게 나는 새

하늘빛 날개로 하늘보다 깊은
물위를 날다가

호수를 쏘아
예쁜 고기 한 마리 물고 노란 주둥이 기다리는
벼랑 흙구멍으로 돌아왔건만

내 꿈보다 더 푸르게 날다가
내가 바라보기도 전에
하늘을 박차고 구름 한 점 물고 왔건만

지금은
먼 남쪽 하늘 끝으로 날아가고

내 가슴 벼랑에
허물어지는 흙구멍 하나 남겨놓고

지금은 돌아오지 않는 새

호수까지 데리고 간 새
내 푸른 추억까지 물고 날아간 새

2021 겨울, 정치풍속도

선거철만 되면
많은 꽃들이 죽고 눈이 내렸다
꽃의 죽음을 덮어버린 폭설은
겨울의 권세를 등에 업고
천사로 둔갑한 귀신이 되어 나타났다
귀신 듣는데 떡 말하지 말라 했는데
꽃의 죽음을 알고 귀신같이 찾아왔다
살아 있을 때는 쳐다보지도 않던 것들이
판관이 되어 꽃의 삶을 단죄한다
죽은 꽃에서는 마른 꽃 냄새가 났지만
피 냄새가 난다고 하고, 썩는 냄새가 난다 하고
꽃을 모른다던 것들이
꽃 빛깔을 탓하며 자신의 악령을 덮어씌운다
속임과 배신으로 얼룩진 정치 가도에는
옥쇄를 탐하는 귀신들이 혀 속에 혀를 감추고
종횡무진 푸른 신호등을 박살내고 있다
나는 죽은 꽃한테 가서
정갈하게 말라버린 퍼석한 꽃대를 보듬고
속임이 창궐하는 겨울을 막아준다

깊은 산중에 홀로 피었다 죽은 꽃이라거나
군중의 광장에서 총 맞아 죽은 꽃이라거나
꽃이라는 이름을 가진 풀들은
언 땅을 두려워하지 않고 뿌리를 살려낸다
이제는 어둠이 아니다
가면 뒤에 숨은 귀신의 얼굴이 보이는 시간이다
저만치 난분분한 눈 속을 걸어
투표소로 가는 군중의 행렬이 보인다

첫눈의 기억

첫눈이 함박눈으로 내리는 날
숫눈길을 걸으면
내 지금은 모두 하얗게 사라지고
슬프도록 빛나는 옛날만이
흑백사진 속
어머니 흰 저고리 동정나비처럼
눈시리게 쌓여간다
하얀 면사포를 쓰고 달려가는 누이
향기 차가운 눈밭에
은빛 날개를 달고 팔 벌린다
발자국을 묻으며 쌓이는 눈은
나를 지우고
산봉우리 높은 바위도 지우고
하얗게 열리는 하늘과 땅 사이에서
동화의 꿈을 만들어낸다
무성필름에서 걸어나오는 발자국 소리
흰 두루마기 긴 옷고름 스치는 소리
마른 풀과 나무들은 손을 뻗어
소리를 받아 뿌리로 흘려보낸다

첫눈이 내리면 세상은 일어선다
내가 불러온 옛날은 살아서
늑대처럼 눈속을 쏘다닌다

소리

오늘밤
모든 강물이 얼어버린다고 일기예보가 말합니다
겨울 강둑을 걸으며
나는 얼지 않으려고 몸에서 소리를 냅니다

얼음장 밑으로 흐르는 물소리가 들립니다
겨울 강은 소리로 물을 흘려보냅니다

깊은 곳, 얼지 않는 곳에 심장 한 조각을 지니려고
나는 소리를 만들며 강둑을 갑니다

강물이 흘러왔던 큰 바위와 모난 돌과
깎아지른 절벽을 갑니다
눈을 가리지 않고 귀를 막지 않고 갑니다

얼지 않으려고 더 깊은 곳에 심장을 지니고
발끝까지 소리를 흘려 보냅니다
소리는 죽을 때까지 나를 따라옵니다

문

한 개의 문을 만들어 놓고
사람들은 그곳으로 들어오라 하지만

산에는 문이 없어서
가고 싶은 길이 나의 문이다

고라니와 멧돼지가 다니는 길
바위틈 물과 계곡물이 흐르는 길
원추리꽃과 도라지꽃이 피어 있는 길

산에 사는 날버러지와 길짐승은 죄가 없어
길만 있고 문은 없다

마늘쫑을 뽑는 남자

사내는 하늘가에 마늘을 심었다
그곳은 물에 젖어있고 잡초가 자랐지만
올해도 마늘을 심었다

사내가 소쿠리를 들고 마늘쫑을 뽑는다
땡볕을 등에 지고
하늘가 언덕을 한 번 바라보고 마늘쫑을 뽑고
또 한 번 바라보고 소쿠리에 담는다

젖은 땅을 딛는 사내는 잡초를 탓하지 않는다
하늘가 언덕이 보이는 것이 고맙다
젖은 땅이 눈물이라는 것을 안다

아내의 무덤이 있어
마늘쫑이 모가지를 내밀고 밭은 젖어있다
마늘을 캐고 나면 하늘가에 무엇을 심을 것인가
노을 따라오는 사내의 흰머리가 붉다

하늘가 언덕에 아내의 무덤이 있다

마늘종을 뽑는 일은 눈물을 키우는 일이지만
사내는 내년에도 여기에 마늘을 심을 것이다

나중에 가는 사람

동행이 끝났는데도
굳이 하룻밤 더 묵어가자고 조르는 사람은
함께 먼 길을 가도 좋을 사람이다

그는 노을이 좋아
늦은 저녁에 길 나서는 사람이다

동행이 끝나지 않았는데도
굳이 하룻밤 먼저 떠나자고 조르는 사람은
청산을 보기도 전에 풀밭을 떠나는 사람이다

그는 다른 사람들이 신발을 신는 동안
스무 걸음을 앞서가는 사람이다

내가 가는 날

내소사 대웅보전
수백 년 묵은 문살에 새겨진 국화꽃은
내가 가는 날 꽃을 피운다

눈 오고 바람 부는 겨울날
일주문을 들어서면
내가 오는 줄 알고
석탑 위에 향기를 올려놓고 기다린다

하필 내가 가는 날
바람 한 점 없어도
기와집 추녀에 매달린 풍경은
꽃살문 국화꽃 불러 맑은 소리를 낸다

염불하러 온 사람 그냥 보낸 뒤에도
꼭 그 날, 눈 오는 겨울밤
꽃살문 국화꽃은 나를 기다리며 꽃을 피운다

몸살

어깨가 쑤신다
매화나무 물오르려나

목이 아프다
매화 봉오리 열리려나

가슴이 두근거린다
꽃향기 터트리려나

나는 몸살을 한 뒤
묵은 등걸에서
한 사발 암향을 끄집어 냈다

가을이 그리운 건

가을날
붉은 감이 없었더라면
가을 화폭의 절반은 빛을 잃었을 것이다

가을날
가여운 코스모스가 없었더라면
가을 노래의 절반은 길을 잃었을 것이다

깊고 푸른 창공이 없었더라면
가을 눈의 절반은 호수를 잃었을 것이다

빛과 길과 호수가 없었더라면
가을의 강을 나는
한 번도 건너지 않았을 것이다

병원대합실

수평선으로 가던 배가 기항지로 들어섰다
키도 빠지고 노도 잃고 닻도 부러지고

하얀 벽이 둘러친 병원 대기실
헤지고 찢기고 부서지고
난파선 한 조각씩 안고 그들은 기다린다

삐투루 의자에 기대어 말이 없다
더러는 눈을 감고 몇은 천장을 보고 기침을 하고

까치놀이 뜬 바다
메밀꽃 파도가 출렁이는 바다로 가고 싶다

용총 한 줄만 있어도 수평선으로 가고 싶다

무식허게 꽃이 피었다

원로 시인 한 분 모시고 문학행사 가는 길
봄날이 무색한 4월이다
가는 곳마다 머무는 곳마다
철쭉 만발하여 흐드러지다

말 없으시던 원로 시인님
아까부터 철쭉꽃에 눈이 꽂히셨다
"무식허게 피었네"

나는 가슴이 덜컥하였다
심장이 뻥 뚫렸다
말로 끄집어낼 수 없었던
찬란하게 헝클어진 무질서의 꽃향연

천만 수식어보다 유식한 꽃잔치
'무식허게 피었네'

마른풀들의 노래

나는 오늘 겨울 강둑을 걸으며
이쪽의 언덕에서 저쪽의 언덕으로
긴 그림자를 끌고 건너가는 사람을 봅니다

강둑의 풀꽃들은 벌써 초록을 땅에 묻고
마른 잎만 남아서
가늘한 몸을 흔들고 있습니다

내 몸에서도 풀꽃들이 시들어
마른 휘파람에 섞인 노래가 나옵니다

된바람이 겨울 하늘에서 내려오자
풀잎들은 태평소처럼 목쉬어
강언덕을 넘어서 어둠이 됩니다

겨울강은 조문하듯 숨을 죽이고
조용히 얼음장 밑을 흐릅니다

너무도 짧은 노을빛 아래

긴 목을 늘인 사람들이 또 가고 있습니다

마른풀들은 어두운 날에도
저쪽 강언덕까지 길을 내고 있습니다

내가 살아가는 동안 겨울 강둑에는
풀들이 해마다 마르고
강을 건너는 사람들이 기다리고 있습니다

제3부

억새꽃, 흰빛의 절박함에 대하여

김장을 끝낸 겨울 배추밭

그 여자는 이제
겨울바람과 함께 살아야 한다

한철의 걱정과 번뇌가 푸르게 자랐던
쓰다 버린 것들이 손을 흔드는 시간

남은 온기로 차디차게 누워
사람들은 왜 내 곁을 떠나야 하는가를
생각한다

김장김치 한 통을 만들기 위하여
감기로 쿨럭이던 어린싹을 달래며
목말랐던 때를 기억한다

흘리고 싶은 땀방울도 얼고
바람만이 겨울이 그리워 찾아오는 곳
나는 겨울바람과 사는 여자를 찾아간다

사람들이 떠난 계절의 끄트머리에서

퇴비 한 포대를 메고
김장을 끝낸 겨울 배추밭으로 간다

겨울 샛강의 철새

외국 노동자들이 거주하는 샛강에
겨울 철새들이 날아와
인간이 먹다 버린 찌꺼기를 줍는다
차디찬 얼음장 아래로 머리를 처박고
물갈퀴를 휘저으며
하루치의 삶을 구한다
외국 노동자들도 일용할 양식을 찾아
도시를 자맥질하다
가끔씩 샛강으로 나와
쪼그리고 앉아 햐얀 담배연기로
무지개를 만든다
꽃 피면 고국으로 돌아갈까
이역의 바람이 삶을 뒤흔들어도
샛강에 뜨는 꿈을 놓칠 수 없다
먹고산다는 건 거룩한 일
겨울 철새도 외국 노동자도
겨울 샛강에서
차디찬 무지개를 건진다

안개꽃

화려한 꽃그림자에 가려
한 번도 사랑을 받지 못한 여인
너를 찾아 길을 잃었을 때
푸른 산자락이나 강물을 끄을고
너는 아슬하게 손짓한다
은하의 입자들로 태어났기에
너의 눈은 언제나 젖어있다
내 사랑 부족하여 너를 가두려 해도
너는 어디에도 있고 어디에도 없다
너를 부르면 달려올 것 같아도
투명한 나신이 되어 숨는다
껴안으면 스러지는 여인
한 번도 입술을 주지 않은 꽃
꽃바구니 변두리에서 나는
안개가 몰려오는 새벽을 기다린다

단풍 1

몸이 말라 갈증이 나기 시작하면
나는 서서히 단풍이 든다는 것을 안다
한꺼번에 물드는 것이 아니라
물길을 따라 깊은 곳으로 스며들어
화선지에 단풍물 지듯
서두르지 않고 조용히 번진다
밀리고 밀리고 더 갈 곳이 없어
초록을 버리고 단풍이 드는 것이 아니라
태어날 때 벌써
단풍 한 장 초록 곁에 끼어 있음을 안다
목말라 숲을 찾았을 때
모두 단풍이 되어 나를 불러도
빛 고운 단풍 하나 건네고
내 자리에 선다
빗물에 단풍물이 뚝뚝 떨어지는 날
단풍이 없으면 내 몸이 얼마나 초라할까
신발에 가득 단풍물 담고
나는 아직 못 간 단풍숲을 간다

위대한 유산

봄이면 속잎 키우고
여름이면 녹음 짓고
가을이면
단풍물 들이며 살던 나무가
태풍 맞아 우듬지가 부러지고
가지가 꺾이었다
못쓰겠노라고
다른 나무들이 혀를 찼다
버려야 한다고
사람들이 쳐다보지 않았다
조물주만 그냥 그렇게 살라 한다
속잎 키우고 녹음 짓고
단풍물 들이는 일이
얼마나 위대한 유산인가를
조물주는 알고 있었다
상처가 자란 나무는
부모 모시고 농사 짓고 자식 키우며
그냥 그렇게 살아온 장애인 아버지처럼
그늘을 내주고 살고 있었다

산불감시원

일흔두 살에
9대 1의 관문을 뚫고 산불감시원이 되었다
부끄러울 것도 창피할 것도 없다
자동차 꽁무니 '산불조심' 깃발이 자랑스럽다
며느리가 싸주는 보온도시락을 메고
멧돼지길 따라 매봉 감시초소에 올라
솔개의 눈으로 모악산을 올려다보고
노루 눈으로 경각산을 내려다본다
산바람 냉기에 허리 무릎이 시려도
아내의 따뜻했던 얼굴 생각하면
마룻바닥 담요 한 장으로도 행복하다
봄아지랑이 가물가물 계곡에서 피어나면
저게 산불연기 바람 타고 오는 거 아니야
진달래 흐드러지게 산마루 붉으면
능선 따라 산불 쳐들어오는 거 아니야
쿵쾅거리는 심장이 불처럼 달아올라
초점 낮은 망원경으로
눈 떨어지게 바라보지 않았던가
오목눈이 둥지에 뻐꾸기가 알을 낳고

먼 산 능선마다 찔레꽃 하얗게 피면
일흔두 살 할아버지는 산을 내려가야 한다
〈봄날은 간다〉 아내의 애창곡 흥얼거리며
매봉감시초소를 내려오는 날
칡덩굴이 마음대로 멧돼지길 덮는다

참깨꽃

언덕길 황토밭에 참깨꽃 초롱초롱
시집온 이레만에 마실 나온 수줍은 꽃
새색시 볼같이 붉은
내 어머니 참깨꽃

어머니 호밋자루 길었던 초여름날
아버지 풀지게 위 꽃나비 하늘 난다
꾀꼬리 울음 뒤에서
익어가던 참깨꽃

아버지 걸어오신 황토밭 반백년 길
어머니 먼길 떠나 잡초만 우거졌네
참깨꽃 이울어 이울어
묵정밭이 되었지

흑백 필름

눈 내린 노인복지회관에서 노래가 흘러나옵니다

"어느 날 여고 시절 우연히 만난 사람····"

눈 내린 뜰에

눈같이 하얀 교복 깃을 단 여고생들이

교복 깃보다 더 흰

눈보다 더 하얀 흰머리 드러내고 따라 부릅니다

휠체어에 앉은 할머니

고인이 된 이수미 가수도 그 곁에 있습니다

휠체어도 깊어지고 겨울도 깊어지고

노인복지회관에 내리는 눈도 깊어집니다

나목

놀라운 일이다
삼백 년을 산 느티나무가
한 잎도 남기지 않고 옷을 벗고
바람 앞에 서 있다

당당하다
부끄럽지 않다

울퉁불퉁한 뿌리가 발톱을 내밀고
아름드리 나이테를 꽉 붙들고 있다

꼭대기로 치솟던 푸름의 절정이
눈물겹도록 자랑스러운 성숙이
보이지 않는 곳으로 모두 달아나고

겨울 나무는 지금 혼자다

내가 왜 혼자인가를

내가 왜 부끄럽지 않은가를
나목은 말하지 않는다

낙화

묻지 않아도
지금쯤 산 너머에서
어떤 꽃이 지고 있는지 안다

돌아보지 않아도
어제런듯 내 뒤에서
어떤 꽃이 피고 있는지 안다

보고 싶은 이
따르고 싶은 이
꽃 속에서 꽃이 지듯 모르는 길을 간다

한 꽃이 지면 또 한 꽃이 피고

훗날에 훗날에
꽃 다 진 산언덕
손 흔들던 봄날을 기억하는 사람이 있다

꽃 진 뒷자리 언제나

그 산너머에서
낙화 소식 전하려 오는 바람이 있다

산

산도 가끔씩 세상이 궁금해서
한밤중이면
달팽이같이 머리를 틀어올리고 슬금슬금
마을로 내려온다

신통하게도 산이 내려오면
고샅도 대문도 열려있고
개들도 짖지 않는다

산은 살강의 숟가락도 세어보고
부엌의 온기도 만져보고
화단의 꽃에게 말도 걸고
밝기 전에 집채만 한 몸을 옮겨 돌아간다

산 너머서 인간의 오욕이 들려오면
된통 성을 내고
이틀이건 사흘이건 누워있다가
해 솟는 아침 운무를 씻고 일어선다

산은 청랑한 바람을 키운다
내가 산을 보는 줄 알았는데
산이 나를 보고 있다

나는 바람을 맞으려고 창문을 연다

가뭄

비가 오지 않자
아버지는 논에 콩을 심으려고
씨오쟁이 지고 텃논배미로 가시고
할아버지는 뒷짐을 지고 하늘을 보다
혀를 차며 당산나무 그늘 찾아가시고
호미를 들고 산밭으로 가는 할머니를
검둥이가 당연한 듯 뒤따르고
머위탕 끓인다며 낫을 들고
어머니는 옆집 담장 밑으로 가셨다
땡볕 바늘처럼 쏟아지는 빈집 마당가에
몸 비틀어져 말라가는 봉선화에게
적선하듯 물 한 바가지 퍼주며
나는 말했다
봉선화야, 제발 콩밥 먹지 말게 해다오
빛 바랜 사진처럼 몸에서 갈증 앓던
내 어린 여섯 살의 가뭄
오늘 소낙비 속에 피어있는 해바라기
나는 낡은 사진의 기억을
자꾸 수채화로 다시 그린다

신성리 갈대밭

저곳이 금강하구 갈대밭
노을까지 사람들이 밀려왔다 밀려간다

갈대는 흔들리지 못하고
사색하지 못하고
직립으로 밤을 맞는다

흔들리지 못하면 갈대는 푸른 갈잎일 뿐
사색하지 않으면 갈대는 억센 풀잎일 뿐

별이 내리는 신성리 금강하구
갈대가 되고 싶은 사람들 모두 떠나고

주차장에 버려진 갈대꽃 하나
내가 왜 갈대인가 생각하며 밤을 새운다

억새꽃, 흰빛의 절박함에 대하여

향기기 없는 꽃, 억새꽃
꽃은 향기의 빛을 저승에 두고 와서
날 때부터 머리가 하얗다

향기 없는 꽃을 모아두었다가
첫눈이 오면
자식이 있는 곳까지 날려보낸다

땅속 깊은 곳으로 뿌리가 뻗어
구천九泉의 물소리를 듣는다

나는 흰빛의 순수함을 보려고
억새꽃 강둑에 앉아 가을을 보내고

향기 없는 흰꽃의 절박함을 보려고
눈이 오는 날 네 곁으로 왔다

어머님이 돌아가시고 난 뒤

몇 년이 지나고
나는 억새꽃이 어머니의 꽃임을 알았다

미늘

도마 위에 올라온 갈치의 아가미에
낚시가 물려있다
손으로는 빠지지 않아
칼로 입을 벌려 빼내고 보니
날카로운 미늘이
살아 있는 듯 나를 노려본다
해일이 방파제를 넘듯
파도의 몸뚱이를 뒤틀며
허공으로 끌려나온 갈치가
미늘을 원망하며
빳빳한 지느러미를 세운다
무너져 내린 두 눈에는
아직 성산포 파도가 푸르다
토막을 기다리는 은빛 몸뚱이가
왜 하나도 슬프지 않은가
미늘이 없는 바늘을
어찌 낚싯바늘이라 하랴
나의 삶도 어느 바다를 지나
미늘에 걸려 여기 왔는가

손가락 끝에 스친 미늘이
나를 아프게 하는 오늘

할머니의 사계

봄

할머니의 까칠한 눈물샘이 젖어 촉촉해지면
그때서야 들에는 봄이 오기 시작한다
논두렁 자잘한 싸랑부리도
할머니의 눈 가장자리 눈물을 보고 꽃을 피운다

여름

핏줄 하나가 하늘과 닿아 있어
할머니의 허리가 쑤시고 아프면 비가 온다
태풍에 쓰러진 벼들은 할머니의 신음소리를 듣고
어깨를 껴안고 일어선다

가을

백로 한로 상강은

할머니가 허락해야 가을 속으로 들어온다
할머니의 눈빛과 햇살이 만나야
가을꽃들은 시들지 않고 열매 맺는다

겨울

할머니의 눈물이 달빛 속으로 스며들어
찬 겨울달이 이울어야 철새들은 먼 길을 떠난다
하늘은 할머니의 몸속에다
아픔의 깃발을 단 기상관측소를 지어놓았다

제4부

고목나무에 들어있는 불

사랑 1

금산사 해탈문 지나
모악산 오르는 길
부부 소나무가 팔과 팔이 한몸이 되어
푸른 머리를 하늘에 두르고 살고 있었다

사람들은 그 나무를 연리지라 불렀다

그러나 지금은 아니다
우듬지가 부러진 남편은
삭신 앓는 아내에게 몸을 부리고
남은 살점을 바람에 말리고 있었다

부부는 이제 바짝 마른 몸을 서로 껴안고
해탈문으로 들어가고 있었다

사이

낙엽과 낙엽 사이에는
발자국이 있다

발자국과 발자국 사이에는
강물이 있다

강물과 강물 사이에는
사람이 있다

사람과 사람 사이에는
손 흔드는 초혼가招魂歌가 있다

옥수수밭 푸른 바다

풀을 뽑다가
옥수수밭 푸른 그늘에 앉아 쉬면
사그락 스르륵 스르륵 옥수숫잎 노 젓는 소리
나는 목선을 타고 가는 소년이 된다

찬물 한 모금 마시는 사이
옥수수밭 너머에서 파도가 밀려오고
바닷새가 옥수수밭으로 날아온다

잠깐 눈 감은 사이
뽕나무밭이 변하여 푸른 바다가 되고
옥수수밭이 산호초가 되었다

노을이 지는 서녘
호미와 괭이를 챙기고 돌아가야 할 시간

뽕나무와 옥수숫대 한 다발이면 될 것을
언제 시가 될지 모르는
푸른 바다와 산호초를 짊어지고 집으로 간다

낙화 이후

꽃이 얼마나 빨리 지는가를 알았을 때
그 사람 결별하고 눈물 마르기 전에
또 한 사람이 찾아왔다

꽃비 흩날리고 온 자리마다
저리 빨리 사랑니가 돋아날 줄이야

슬픔은 이별이 있어 찬란하지만
낙화가 있어 꽃은 아름답다

봄날에 어찌 빈 하늘이 있으랴
낙화 뒤에 가지마다 열매 돌아왔다

고목나무에 들어있는 불

태풍 맞아 쓰러진 고목나무를
할아버지는 톱으로 잘라 쌓아두셨다

고목나무는 해마다 할아버지의 눈을 바라보며
몸속에다 불을 키웠다
켜켜이 나이테에 불이 들어갔다

할아버지가 돌아가시자
아버지는 고목나무에 들어있는 불을
한 삼태기씩 퍼내어
문상객의 언 몸을 녹여주었다

추운 겨울 마당가에서
할아버지 영혼을 모셔가듯 불은 하늘로 치솟았다

고목나무와 할아버지 세월이 만나
상갓집 마당은 한겨울 더운 열기가 가득했다

나도 고목나무처럼 늙어 바람 불고 벼락치는 날

쿵하고 금이 가게 쓰러져
내 몸에 불이 들어가면 좋겠다

우리 집 마당에서 훨훨 타올라
할머니 만나는 은하 비추고 싶다

매화 생각

꽃은 나무의 생각이다
생각하는 나무는 꽃을 일찍 피운다

필까말까 찬바람이 부는데
몇 밤을 생각하다가
매화꽃 피었다

눈 쌓인 조계산 얼마나 춥던지
필동말동
얼음같이 차디찬 꽃을 피웠다

선암사 해우소 늙은 매화나무
근심을 풀려고 얼마나 생각을 했던지
맨 먼저 피었다

망초꽃

뜨거운 땡볕 아래 눈물 꽃 서러운 꽃
울 할매 봄나물꽃 할버지 담배풀꽃
저 생명
끈질기게 살아 밭언덕길 허옇다

그 누구 소박한 꽃 망초라 하였을까
얼마나 농사 망쳐 개망초라 불렀을까
빈터에
뿌리 내리고 악착같이 살아간다

산언덕 밭두렁길 눈치없이 꽃피운다
눈 내린 황토밭 길 맨발로 가고 있다
잡초라
부르지 마라 한이 서려 눈시린 꽃

순창 팔덕면 남근석

순창 팔덕면으로 시집온 새댁은
사내대장부 낳아달라고

남근석을 쳐다보지도 못하고
강천산을 향하여 빌었다

남근석의 뿌리가
강천산으로 뻗어서 그런 줄 알았는데

남사스러워서

아들을 낳자
빗자루로 남근석을 소제掃除하며 빌었다

당당해져서

새댁의 처음 얼굴은
강천산에서 피는 진달래꽃이었고

지금은 남근석 안고 뒹구는
남근석 지키는 느티나무가 되었다

신 단군신화

사월의 해가 익어가는 마늘밭에서
풀을 뽑는 저 여인은 내 아내가 아니다
웅녀가 되게 하여 주옵소서
신단수 아래로 가게 하여 주옵소서
한울님께 비는 여인은 내 사람이 아니다
쑥과 마늘이 걸려 있는 비닐하우스는
고조선 하늘로 가는 통로
검은 털을 입고 태어나는 아내는
코와 엉덩이가 곰을 닮아
나는 좋아라 덩실덩실 춤을 춘다
붉은 노을이 차일을 둘러친 서녘
날카로운 발톱을 들어 마늘밭을 박차고
태백산맥으로 달려가는 웅녀를 봐
원시의 숲에서 옷을 벗는 그녀를 봐
이끼 묻은 발로 툰드라를 지나
유라시아 강둑을 뛰어 넘는다
새로 만나야 하늘이 열리는 곳
고조선 신단수 아래
검은 수염을 늘어뜨린 환웅 품으로 간다

나는 쑥과 마늘을 걸어놓고
새끼를 몰고 웅녀가 오기를 기다린다
고조선의 하늘이 내려앉은 마늘밭에서는
사월의 신화가 탄생한다.

길

친구 집 가는 길에 공동묘지가 있어
나는 에움길로 들어섰다

논틀길 지나면 푸서릿길
자드락길 오르면 후밋길로 이어져 돌서더릿길
자욱길 끝나면 친구 동생이 맞아주는 집

나는 친구와 대밭길을 쏘다니다가
여름 냄새 나는 어머니 감자수제비 한 그릇 먹고

나무꾼이 다니는 자취 희미한 길 지나
돌자갈 많이 깔린 후미진 길 지나
낮은 산비탈 기슭길로 내려가면
잡풀 무성한 길 나오고
꼬불꼬불한 논길 지나 우리 집

오늘은 일요일
월요일에 만나는 친구 보러

허물어진 공동산 무서워
빙둘러 친구 집 다녀왔어도
또 그 길 가고 싶다

막차

죽마고우 죽어
서울 변방 장례식장에 가서
흰 국화 한 송이 올려놓고 향촉불 켜고
영정을 바라보니
환하게 웃는 친구의 얼굴
먼길 찾아오느라 고생했으니
어서 술 한 잔 먹으라 한다
에라 모르겠다
술 먹지 말라는 의사의 말도 잊어버리고
따라 놓은 큰 술잔 원샷하고
얼굴 모르는 친구 아들 잔 단숨에 꺾고
밖으로 나오니 아무도 없다
어떻게 할까 망설이는데
향촉불 냄새 아직 남아 있는데
내 등을 떠미는 사람이 있다
어서 집에 가라고
고속버스 끊어지니 빨리 가라고
뒤돌아보니 친구가 웃고 있다
강남터미널에 가서 한잔하고 가야지

친구가 배웅하는 터미널에서
막차로 가야지, 어둠에 묻혀
늦은 밤 친구와 마시던
전주의 단골 술집
한밤중 불이 꺼지기 전에

내가 찾아가는 오월

내가 찾아가는 오월은
사랑하는 사람 손을 놓고
저 혼자 푸르러 숲으로 간다
개화의 소망도, 낙화의 결별도 잊고
가장 빛나던 눈물로
새벽 옷을 입고 초록으로 간다
향기 짙은 장미의 정원과
애드벌룬 부르는 광장을 버리고
작은 웃음들이 모여 사는
야트막한 산마을로 나를 부른다
자기 그림자를 따르지 않고
맨 처음이듯 한 뼘씩 자라는
찔레순 숲길로 가라 한다
내가 찾아가는 오월은
계절의 여왕 곁으로 가지 말고
죽순 솟는 대밭으로 가라 한다

뱀딸기

한입 깨물고 싶다
앙증스런 붉음

낯선 예쁨이 설레게 한다
젖은 볼이 안아달라 한다

손이 가려다 선뜩 멈춘다
뱀딸기라니

날름거리는 혀가 지나간 자리
요귀가 사는 움막에서 시집온 여자

누가 너에게 이름의 굴레를 씌웠나
죄 없는 속죄가 아프게도 붉은
아침 숲길에서 만난 너

백련사 겨울로 가는

구천동 물은 아래로 아래로 내려오는데
무슨 찾을 것이 많아
나는 위로 위로 오르는가

물소리는 아래로 아래로 내려오라고
나를 부르는데
배낭 하나 짊어지고 허위허위 오르는가

진달래 꽃눈 벌써 얼어버리고
한 모금 겨울물도 얼어버리고

기와 추녀 날개를 접고
겨울로 가는 백련사
나에게 들려줄 이야기가 무엇인가

물소리 가버린 길을 내려온다
꽃들의 노래가 숨어버린 산길을
빈 배낭 메고 내려온다

녹음

녹음에서는 푸성귀 냄새가 난다
콩밭열무 한 소쿠리 옆에 놓고
녹음 아래서 쉬시던 어머니
녹음 속에서는 젊은 어머니의 얼굴이 있다

녹음에서는 풀냄새가 난다
소 풀 한 짐 받혀 놓고
지게 아래서 쉬시던 아버지
녹음은 들녘 바람을 안고 산다

녹음을 베고 하늘을 우러르면
나뭇잎은 바람을 데려와 간지럼을 맥이고
나는 뒹굴고 녹음은 까르르 웃고
하늘은 나의 노래를 부른다

어머니의 젖은 가슴에서 살던 쑥국새울음
풀물 든 아버지 바짓가랑이를 날던 풀무치날개
늙지 않고 모두 녹음 속에 있다

저만큼 멀어진 나만 그림 밖에 서 있다

세한도
– 김오성 조각가를 생각하며

이제는 돌들이
김오성 조각가를 호명하지 않는다
왕등도 앞 바다에서 고혼이 된 그
절명의 순간에 하늘은 무엇을 보았는가
부안 수성당은 왜 수심을 말하지 않았는가
변산을 찾아오던 별들은 길을 잃었다
돌 속에 더운 피를 돌게 했던 옹이 박힌 손
돌 깨는 소리에 꽃들은 피고
석상 속에서 자란 꽃들은
세상으로 나와 조각공원의 여인이 되었다
눈은 사정없이 내려 세상을 덮고
소리들은 모두 바다로 침몰하였다
늘푸른 꽝꽝나무 동백나무 호랑가시나무
이승에서 기다려도 그는 오지 않는다
망각의 손바닥은 얼어
내변산 눈을 쓸어 길을 내지 않는다
설해목 우는 변산에
산짐승 발자국도 눈에 묻히고
돌 쪼는 정소리도 별밭 찾아 날아갔다

한숨처럼 깊게깊게 눈 덮인 조각공원
돌 쪼는 탁목조 한 마리
기침소리도 들리지 않은 세한도 속으로
날아 들어간다
저벅저벅 눈을 밟으며 저만치
망치와 정을 든 김오성 조각가가 걸어온다
망치와 정은 조각가의 붓이다
여백마다 눈이 쌓이는 금구원조각공원
세한도 한 폭이 내려오고 있다

제5부

오백 년 은행나무에게 길을 묻는다

억새가 바닷가로 내려간 까닭은

억새가 바닷가로 내려가자
바닷가에 살던 갈대가 기가 막혀
억새가 살던 산언덕으로 올라가버렸다
무슨 일로 억새가 강가로 내려갔을까
갈대는 궁금하여 내려다 보았더니
억새는 얼굴을 물속에 처박기도 하고
어린애같이 첨벙첨벙 뛰어다니기도 하고
머리채 흔들며 달아나기도 하였다
갈대는 미친 짓이라고 단념해버렸다
그 산의 바람처럼 세월이 흐른 뒤
갈대는 노을 앞에서 합장하기도 하고
달 아래 누구를 기다리기도 하다가
떠오르는 아침 햇살에
고요해진 제 모습을 보고 깜짝 놀랐다
억새는 지금도
바닷가에서 미친 짓을 하고 있지만
갈대는 억새가 살던 산언덕에서
돌부처처럼 꼼짝 않고 앉아
조용히 합장하고 있는 제 모습을 보며

왜 억새가 바닷가로 내려갔는가를
조금씩 조금씩 알게 되었다

개나리꽃 누이

철 모르는 개나리꽃 한 가지
눈 녹지 않은 울타리에서
노랗게 웃고 있다

가끔 내려준 겨울 햇살 몇 줌을
흘리지 않고 받아
꽃을 피웠구나

개나리꽃 같은 내 누이
언 땅에서 냉이 캐어
시장에 팔러 가는 어머니 배웅하러
친구들 자는 겨울에 나왔구나

나보다 먼저 철이 든
개나리꽃 내 누이

가슴에서 자라는 나무

오십 년도 더 지난 가을
나는 무주 안성중학교 운동장으로 들어섰다
다른 나무는 잎을 다 떨어뜨렸는데
아직 노란 잎을 단 은행나무가 서 있었다
내가 그 아래로 가자
우수수 내 머리로 어깨로 잎을 떨어뜨렸다
왜 이제 왔느냐고,
얼마나 교문을 보며 당신을 기다렸는데,
나는 은행나무를 꼭 껴안았다
마지막 한 잎이 내 정수리로 떨어졌을 때
가을은 덕유산을 넘어가고 있었다
내가 젊은 날 운동장 가에 심은 나무

은행나무는 내 가슴에서 자라고
안성중학교에서 물들었다

단풍 2

심장에 단풍물이 들면 저럴까
설레는 몸을 껴안고 내장산 서래봉에 올라
능선 굽이치는 단풍숲을 간다

저리 물들려고 나무는 얼마나 갈증을 느꼈을까
붉은 잎 피우려고 나뭇잎은 몇 번이나 초록을 버렸을까

붉은 소매 한 끝이라도 임의 것이 좋아
내 몸에 단풍든 줄 모르고 저 단풍 부러워
노을숲을 간다

붉은 댕기 한 쪽이라도 임의 것이 좋아
단풍보다 내 몸 더 물들었어도 그것도 모르고

불타고 있는 단풍길을 간다
임도 따라 올 거라 생각하며 단풍숲을 간다

귀향의 시간

가지를 떠난 나뭇잎이
흙으로 돌아갈 때까지의 시간은
내 삶의 여정보다 길다

봄날의 눈부심
무성한 녹음, 황홀한 단풍숲을 지나
허공의 층계를 내려오는 나뭇잎

태어난 곳으로 날아가는 낙하
눈 한번 감으면 잦아드는 내 안의 숨소리보다
바위를 만나면 돌아서 가는 내 발길의 힘듦보다
나뭇잎이 살아온 시간은 크다

가벼이 가벼이 날으는 나뭇잎
세찬 바람에 몰려가는 나뭇잎
하늘의 끄트머리를 돌아 찾아오는 귀향

나뭇잎이 자기를 떠나 흙으로 가는 길은
내가 늙어가는 하늘길보다 밝다

소양강을 지나며

내가 처음 군용트럭을 타고 지나갔던 길
인제를 지나 원통 거쳐 유엔고지 넘으면
양구로 이어지는 길
내 스물두 살 이야기는 어디 있을까
높은 산 낮은 언덕 하얗게 쌓인 눈
먼 산봉우리에서 날아와
내 머리 위에서 깍깍거리던 까마귀
소리대로 빛깔대로 남아 있었다
밥그릇에 얼어붙은 밥풀 수저로 긁어내면
소양강 볼시려워 이가 딱딱 맞부딪치던
추운 강물도 나처럼 늙어 흐를까
춘천 3보충대 내무반장은 지금 무얼 할까
합강막국숫집 커피 빼주며
몇 살 먹었느냐고 묻던 할아버지일까
소양강 젊은 강둑에서
이쪽 강둑까지 건너온 늙은 이등병
나는 무얼하고 살았을까
초병의 눈에서 피고지던 붉은 철쭉
소양강을 지나며 싣고 간다

이빨만 허옇게 웃던
스물두 살의 얼굴도 싣고 간다

겨울 강둑에서 버린 것들

겨울 강둑에서
사라진 풀벌레 울음소리가 들린다

바람은 코로나 세상을 싸고 도는데
이쪽 언덕에서 저쪽 언덕으로
사람들은 긴 목을 늘이고 건너고 있다

누구도 슬퍼하지 않고
누구도 눈물 흘리지 않는데
옛날의 풀벌레 울음만 가냘프다

나는 겨울 강둑에서
사람들이 버리고 간 긴 그림자를
서서히 핸드폰에서 지운다

벽골제에 가면

벽골제에 가면 물소리가 들린다

농부의 가슴을 흘러
김제 들녘을 적시고
우리 집 마당 앞으로 지나가는 물소리

하늘을 이고 살았던
할아버지의 어깨 쑤시는 아픔이
벼포기마다 푸르다

가장 아득하고 가장 가까운
지평선을 달려온 소년의 이야기가
새만금으로 이어지고 있다

벽골제에 가면
둑을 쌓던 백제 사람들의 노랫소리가
신털미산에서 들린다

10월의 시

산짐승이 고개를 넘으며 뒤돌아보듯
10월이 오면
녹음은 문득 길을 멈추고 생각한다

설레며 가쁘게 달려온 길
푸르렀던 먼 산을 바라본다

고요한 단풍숲이 기다리는 곳으로 가려고
갈맷빛 여름에서 걸어 나온다

산딸기 붉으면 꽃뱀이 찾아오는 길
원추리꽃이 모여서 노랗게 손짓하는 길
산은 길을 만들며 늙어 간다

10월이 오면
실성거리며 짙어가는 나뭇잎을
보내야 한다

자랑

홀앗이로 살아가는 농부가
늦장가 들어 쉰둥이를 낳았다
까치 울음만 들리던 마을에
아기 노래가 들렸다
밤꽃이 스무 번도 더 피고 나서야
마을에 아기꽃 피었다
아기 울음은 새벽종이 울렸네
다음으로 신선했다
마을회관에서 부인회에서 찾아오고
면장이 누비처네 사오고
마을 사람들 입으로 손으로
아기는 자라났다
달맞이꽃만 봉선화만 보던 마을에
튤립도 히야신스도 포대기에도 피었다
아기꽃을 업은 쉰둥이 엄마는
마을 아기천사가 되었다
늙어 시집온 우리 사촌형수씨
내가 부러운 유명인사 되었다
쉰둥이 낳고
문중의 며느리꽃이 되었다

이팝꽃

이팝꽃 고봉으로 눈부신 꽃그늘에
민들레 하얀 갓털 꿈길을 찾아가면
허기진 보릿고개 너머로
하루 해가 저문다

봄날이 가는 언덕 이팝꽃 저리 희고
범보다 무섭다는 어머니 보릿고개
이팝꽃 한 사발 퍼담아
임의 무덤 가고지고

보릿잎 모가지에 바람이 보드랍고
오월이 깊은 골에 이팝꽃 절로 지니
무담시
부서지는 눈보라 꽃
내 어깨가 시리다

지리산 천년송

천년송은 날개를 갖고 태어나서
가장 높은 곳으로 가는 꿈을 꾸고 산다

들녘에서 산봉우리까지
초록을 날라다
바람의 길을 만들어 놓지만
한 번도 자랑하지 않는다

꿈을 꾸는 사람들이 날개를 접고 내려오면
가여운 깃털을 쓰다듬어 주고
바람에 흔들리다 길을 잃으면
허공에서 손을 잡는다

산속에 그의 바다가 있고
바닷속에 그의 하늘이 있다는 것을
알았을 때
나무는 늙었지만

하루도
푸른 소리 내는 일을 놓지 않는다

장례식장 수족관에서 사는 물고기

네가 절집 마당에서 태어났더라면
물속 영혼 구하는 목어가 되었을 것을
네가 기와집 처마에서 매달렸더라면
하늘 노래 부르는 풍경이 되었을 것을
장례식장 수족관 물고기로 팔려왔으니
날마다 상두꾼 상엿소리 듣고 산다
검은 상복의 숲을 헤엄치는
네 몸짓 어디에도
삶을 거부하는 지느러미는 없다
잠자지 않는 눈이 되려고
어둠이 흰 국화꽃으로 피는 한밤중
조문객 끊어진 장례식장을 지킨다
운구가 나가는 아침이면
수족관 벽을 차고 올라 외로운 영혼을
그의 하늘에 모셔놓고 돌아온다
헤어지는 연습을 하며 떠난 조문객이
오늘 망자가 되어 그 자리로 찾아온 날
너는 그 곁에서 밤을 새운다
사랑의 칼을 품고 온 사람은

이승과 저승의 다리를 놓아준다
네 비망록에는 망자가 주고 간 언어와
조문객의 눈물이 꼼꼼히 적혀 있다
지옥문과 천국계단을 오르내리는 밤이면
꼬리에 박힌 금빛 무늬 하나가
목어보다 풍경보다 더 자랑스럽다
또 하나의 슬픈 영혼이 들어오고
고독한 운구가 실려나갈 때마다
너는 저승사자와 악수를 나누며
장례식장의 수호천사가 된다

오백 년 은행나무에게 길을 묻는다

은행나무, 네 곁으로 가면
너는 늙었어도
앞니 두 개 난 우리 아기처럼
봄볕 속에서 속잎 틔우려고
팔 벌리고 뒤뚱거리며 나에게로 온다

은행나무, 너를 부르면
오백 년을 살았어도
칼을 대면 순절하는 초록의 장수처럼
무수한 목숨을 지키려고
태풍 속으로 달려 간다

은행나무, 너의 꿈을 물으면
단풍 차일을 두른 저무는 시골장터
지친 나그네와
기어이 물든 가슴을 열어젖히고
국밥 한 그릇 나누고 싶어 한다

은행나무, 너를 껴안으면

깊은 바다에 쌓아둔 숨소리
조상 할아버지 대문 들어서던 기침소리
삭정이 우듬지 위로 흘러가던 구름이
오백 년이 지났어도 낯설지 않다

남은 달력 두 장

가장 쓸쓸한 사람이
길모퉁이를 돌아
인적이 멈춘 길을 가고 있다

두 장 남은 달력이
마지막 잎새처럼 펄럭이고 있다

가장 쓸쓸한 강물이
물소리 그친 여울을 지나
풀꽃들이 시든 강둑을 가고 있다

향기 없는 억새꽃들이
종이꽃처럼 손을 흔들고 있다

가장 쓸쓸한 나무가
묘지가 보이는 언덕으로
모가지를 길게 늘이고 있다

편하다 편하다 하며

낙엽은 저를 버리고 떠나고 있다

소천을 알리는 문자가 왔다
작정하듯 친구는
남은 달력 두 장을 짊어지고 갔다

제6부

시비詩碑가 시비是非가 되자

곰소항, 새로 태어나는

곰삭은 젓갈들이 다시 펄펄 살아나
노란 전구 아래 파시를 여는 곰소항

어제 불던 바람도
여기서 만나면 새 바람이다

염전에서 새 소금이 태어나듯
옛날 사람도
곰소항에서 만나면 새 사람이다

방파제에 갈겨놓은 허연 갈매기똥
바람에 나부끼는 녹슨 등대도
그리운 사람 만나면 액자 속 수채화다

곰소항에서는 생선 눈깔들이 불을 밝힌다
열병식하는 풀치 두름 틈새틈새로
지금 새 바람이 들어가고 있다

사랑 2

어느 모르는 곳의 꽃가루수정을 받아
천년 은행나무
올망졸망 하늘 가득 열매를 달았다

어느 모르는 곳의 이슬을 먹고
작은 풀꽃들이 초롱한 꽃을 피웠다

어느 모르는 곳의 사랑이 있어
지치도록 아름다운 노을이 지고
지금 길을 가고 있다

어느 모르는 곳의 풀잎에 노을이 지면
천년 은행나무도 함께 물든다

단풍 따라하기

나뭇잎이 푸르러야
단풍도 곱게 물든다

산봉우리의 단풍이 붉어야
계곡의 단풍도 붉다

앞산의 단풍이 고우면
뒷산의 단풍도 붉다

내가 단풍숲으로 들어가야
사랑하는 사람도 물든다

어머니 이름

어머니를 부르면
점점 커져
하늘까지 갔다
내게 돌아오지만

내 이름을 부르면
점점 작아져
산울림이 되어
멀리 사라진다

돌

제 몸 깎으며 올라간 사람은
별이 되지만

사다리를 타고 올라간 사람은
떨어져 돌이 되었다

나는 세상을 걸으며
강변에 왜 돌이 많은지 다시 알았다

오동꽃

봄밤을 숨어서 온 저 향기 뉘이던가
창문을 열어놓고 사념의 턱을 괴니
낯익은
오동꽃 한아름 내 곁에서 피누나

어느 골 누구 마을 호올로 살아오다
꾀꼬리 울음 뒤에 유혹을 어이 못해
저 향기
감추지 못하고 몰래 찾아 오누나

가까이 다가서면 우련히 멀어지고
아득히 눈짓하니 홀연히 다가오네
다른 꽃
다 보내고 난 뒤 너와 함께 잠들다

시비詩碑가 시비是非가 되자

시비가 파헤쳐져 산골로 던져졌다
28년 동안 덕진공원에서 살았던 시비는
뿌리를 내리지 못했다
그 정수리에서 태양을 섬기던 삼족오는
쇠망치를 맞고 사라졌고
가슴에 새겼던 달도 어둠으로 갔다
금간 시비는 얼굴도 가리지 않은 채
곡비도 없는 운구에 실려 낯선 길을 갔다
한 시인이 무대 뒤로 사라졌다
우리는 무엇을 보았던가
여름 풀처럼 친일은 무성한데
귀막고 입막고 말하지 않는 역사
저만치 상투 틀고 감발한 동학장군 동상이
개남아 개남아 김개남아
너무도 많이 불러 남의 이름이 된
친일청산 시조를 읊고 있다

서설 瑞雪

서설이 내린 아침산이
나를 깨운다
잠자지 말라고 나를 부른다

칼날처럼 선명한 자국을 남기고
달려나간 능선
서설 맞고 태어나는 산봉우리

산처럼 늙고 싶었지만
늙지 않는 산
눈 쌓인 산은 머리가 차다

산처럼 침묵하고 싶었지만
서설이 내린 산은 환호한다

내 귀에 서설의 숨소리
내 눈에 옷 입는 서설의 산

어둠이 빛이 되는 순리

주검을 실은 영구차가
장례식장 문을 들어서면
방마다 불이 켜지고
꽃다발이 늘어서고
주차장에서 층계에서
사람들은 더운 입김으로 이야기하며
악수를 나눈다
그리고 한밤에서 새벽까지
주검은 어둠을 이기고
사람 곁으로 돌아온다

주검을 실은 영구차가
떠나가면
장례식장은 어둠이 된다
방마다 불이 꺼지고
검은 방을 오고가는
유령의 발자국 소리
새벽이 와도
장례식장은

검은 옷을 벗지 않는다
어둠이 빛이 되는 순리를
세상에 알리려고
장례식장은 불을 밝힌다

명왕성을 따라간 할머니

치매 할머니가
유모차에 몸을 의지하고
마을을 돌고 있다

나는 인사한다. 어디 가세요
"한 바퀴 돌아"
짧은 한마디가 전부다

할머니는 매일 돈다
태양계를 벗어나지 못하는 유성처럼
할머니는 마을 밖을 떠난 적이 없다

얼마 후 할머니가 마을에서 보이지 않는다
돌아가셨다 한다

명왕성이 태양계에서
제외되었다는 저녁이다

황태

너의 과거는 죽었다
덕장에 쏟아지는 별들이
북해의 별이 아니라
진부령의 별이라는 것을 알고서도
너는 슬퍼하지 않았다
할복을 하고 바다를 비워낸 몸이
순하게 길들여지는 것을 보며
너는 유채꽃을 생각하였다
하얀 눈밭에 쏟아지는 유채꽃
조금씩 인간 곁으로 가기 위해
불속에서 꺼낸 죽어버린 과거를
사정없이 담금질하였다
진부령고개를 넘어
가난한 마을에 닿으려고
너는 황태로 태어나고 있었다

직지 直指

직지의 뜰을 걷다가
청주목 산천에 쇠나무가 자라고 있는 것을 보았다

팔만대장경 뿌리에서 자란 어린 나무는 조금씩
직지의 하늘을 열고 있었다

즈믄 해의 길을 돌아
흥덕사의 마당에 들어섰을 때 쇳물이 끓고
용광로에서는 칼과 창을 부숴
무심무념의 말씀을 주조하고 있었다

펄펄 끓는 쇳물에서 번뇌의 전쟁소리 사라지고
부처의 이마에서 쇠글이 탄생하고 있었다
팔만대장경에서 숨쉬고 있던 손 떨림이
세상의 처음 금속활자로 살아나고 있었다

쇠나무를 녹여서 견성성불의 온기를 넣은 사람이여
활활 타는 용광로에서 건져 올린 직지심체요절이여
여직 몸이 뜨겁다

내가 간 길에 흥덕사 돌탑이끼 푸르고
직지의 산천에 쇠나무 자라 쇠글 무성하고
동방의 나라 근역의 산줄기에 넌출져 뻗어간다

걷고 걸어도 다리 아프지 않은 청주목 푸른 거리
나는 직지대로에 서있다
거기 고인쇄박물관에서
나를 기다리는 커다란 눈을 가진 직지를 만난다

장마의 전설

장마는 들녘 가장 낮은 곳을 떠돌다가
하늘과 땅이 맞붙은 변두리를 찾아서
뱀이 사는 눅눅한 습지를 무너뜨리고
어느새 마을 복판을 점령하였다

대숲에서 능구렁이 우는 소리가 들렸다고 한다
온동네 뱀이 다 모인다고 한다
부엌으로 뱀이 들어온다고
마을 아낙들이 머리카락을 잘라 아궁이에 살랐다

구름을 타고 올라가는 용꼬리를 보았다고 한다
열흘도 더 비가 내리자 논둑이 무너지고
상엿집이 내려앉고 터줏대감 구렁이가 나왔다

빗물이 토담집 벽을 타고 안방으로 흘러들었 때
할머니는 맨발로 마당으로 뛰어나가
빨랫줄 장대로 하늘을 찔러대기 시작했다

무너져라 이놈의 하늘아, 구멍나서 쏟아져버려라

당골네가 찾아와 찬물 떠놓고 빌고
쌀 한 자루 얻어갔다

할머니의 분노가 구름을 뚫었을까
장마가 그쳤다. 하늘은 정직한 분노를 믿은 것일까
하늘님을 믿고 살았던 할머니는
하늘을 장대로 찔러댄 것을 후회하지 않아도
천국길을 잘 찾아가셨다

덕혜옹주를 만나고 오는 길

대마도에 도착한 날은 폭우 전야였다
침묵에 싸인 섬은 사람의 온기를 거부했다

사진 속에서 본 덕혜옹주의 슬픈 눈을 생각하며
관광버스를 타고 삼나무 구불길을 돌 때마다
그녀가 언뜻언뜻 나타났다

어두운 이국 객창에서 죽음을 앓았던 그녀에게
어찌 조국의 사랑을 전하리요
망국의 역사를 몸에 그린 그녀의 모습이
나를 움켜쥐고 괴롭힐 줄은 몰랐다

대한제국 종말의 비극을 새겨놓은
'덕혜옹주결혼봉축기념비' 앞에서
우리 관광객들은 눈감고 묵념하였다

"길 비껴, 길 비껴"
반려견을 끌고가는 일본 여자의 고음이 들렸다
우리더러 길을 비끼라고 당당하게 소리쳤다

여기는 남의 땅, 주춤주춤 물러섰다

기어이 폭우가 쏟아지고 태풍이 몰아왔다
일정을 취소하고 현해탄 건너오는 내 귓전에
"길 비껴, 길 비껴" 환청이 울렸다

이국의 땅에서 언제나 길을 비껴가며 살았던
덕혜옹주의 작은 모습이 떠올랐다

거울 속의 눈썹

그대 무덤에 가 보았지
보고 싶던 얼굴
거울 속의 눈썹은 바람 속에 누워있었네

그대 모습 찾으려 했건만
실낱같은 인연
그 끝마저 희미해지고

황토의
언덕
들꽃 몇 송이 피어 있었네

내가 따르는 건 세월
흰머리 날리며
그대 무덤에 서 있었네

다시 찾을 날
멀어짐을 알아

그대가 주고 간 모든 것들
들꽃더러 보라고
가슴 열고 서 있었네

내 살아갈 날
적음을 알아

그대 무덤에 가 보았지
거울 속 눈썹이
시들어가는 풀 속에 기다리고 있었네

* 김남조, 「겨울바다」 패러디

농촌진흥청 사람들
– 농촌진흥청 개청 60주년을 기리며

1962년 4월 1일
깃발 하나로 가난한 하늘을 찾아가는 사람들이 있었습니다
농촌진흥청 사람들
당신들은 농민을 찾아 마른 논밭으로 달려갔습니다

당신들의 곁에는
스스로 꽃피우지 못하는 우리 아버지와 어머니
'농자천하지대본'이라는 어깨 쑤시는 구호만 있었습니다

녹색혁명의 깃발은 사상도 정치도 아니었습니다
풀뿌리로 살아온 우리 농민들을 살리는 양식이었습니다

백색혁명의 꿈을 이루게 한 사람은 누구입니까
사계절 농사로 우리 식탁을 풍족하게 한 사람들
당신들은 생명처럼 고귀하고 들녘처럼 푸릅니다

논두렁과 밭두렁 사이에서 밤새 무슨 일이 일어났는지
돌밭의 계단에 뿌린 씨앗에서 싹이 돋았는지

당신들은 농부처럼 별을 보며 집으로 돌아갑니다

오늘도 연구실의 전구는 한밤에도 흔들리고
어둠의 틈새를 가르고 기적 같은 이름이 탄생합니다

가난한 농민들이 농촌진흥청을 호명할 때
당신들은 김이 나는 고봉밥에 숟가락을 얹어주었습니다

처음 이름표를 단 생명이 세상으로 뛰어나올 때
눈물 먹은 암소의 외양간에서 송아지가 태어나고
남루를 벗어 던진 농부들은 트랙터를 몰고 들로 갑니다

예측할 수 없는 비구름을 두려워하지 않고
하늘의 눈치를 보지 않고 흘린 정직한 땀방울은
개청 60주년의 견고한 돌탑을 쌓았습니다

당신들이 가고 있는 길에 빛이 열리고 있습니다
저기 보십시오, '농업혁명 60년, 국민행복 100년'
먹고사는 일이 하늘이라는 깃발이 나부끼고 있습니다

* 〈전라매일〉, 2022년 4월 4일.

해설

| 해설 |

생명과 시간에 대한 근원적 사유와 사랑의 마음
정군수의 시세계

유성호
(문학평론가, 한양대학교 국문과 교수)

1. 시인이 꿈꾸는 기원과 궁극의 언어

정군수 시인의 새로운 시집 『하늘 허물기』는 "스며들지 못한 것들을 버리려고/먼지 쌓인 빈 칸으로 갑니다."(「시인의 말」)라는 시인 스스로의 전언(傳言)처럼, 서정시를 통해 현실에서는 전혀 불가능한 존재 전환을 꿈꾸고 있는 마음의 도록(圖錄)으로 다가온다. 시인은 자신을 규정하는 현실을 넘어 다른 차원으로 상상적 이동을 꾀하고 있는데, 이때 이루어지는 경험은 세계를 향해 무한하게 확장을 했다가 다시 스스로에게 회귀하는 과정을 구심적으로 밟아간다. 서정시가 기억을 재구성하는 양식적 특성을 견지한다는 점에서 정군수의 시는 삶의 다양한 경험 속에서 축적된 기억을 다루면서 삶의 근원과 궁극에 대한 상상적 작업을 수행하고 있는 것이다. 그리고 그의 시편을 세심하게 읽게 될 우리는 그 안으로 우리 자신의 경험을 투사(投射)하면서 삶의 소롯길을 모처럼 느릿하게 걸어가게 될 것이다.

그런가 하면 우리가 그의 시를 읽는 것은 그 자체로 우주적 스케일이나 마음의 흐름에 동참하는 일이기도 하겠지만, 시인의 상상력이 우리 삶의 새로운 윤기와 탄력으로 전이되는 경험을 치르는 일이기도 하다. 물론 그러한 경험은 지속성을 가지고 삶을 규율하기보다는 일상적 삶이 가지는 순환성에 유의미한 정서적 충격을 가함으로써 우리 자신을 성찰하는 에너지를 순간적으로 부여하게 마련이다. 정군수 시인은 이러한 속성 곧 타자로의 확장성과 자기로의 회귀성을 동시에 꿈꾸면서 가장 근원적인 정서인 그리움을 노래해간다. 그 순간이 오롯하게 빛나는 까닭도 시인이 꿈꾸는 기원(origin)과 궁극이 아득하게 그의 언어를 감싸주고 있기 때문이다. 이제 우리는 정군수 시인이 우리에게 전하는 기억의 온기를 따듯하게 수납하면서 그 웅숭깊은 세계 안으로 한 걸음씩 들어갈 수 있을 것이다. 이제 천천히 그 세계를 만나보도록 하자.

2. 삶의 근원적 배경이자 궁극의 거소(居所)인 자연

먼저 정군수 시인은 우리 주위에 편재해 있는 뭇 사물들로부터 가장 근원적인 가치들을 소환하고 있다. 우리 삶의 근원적 배경이 되는 자연 사물에서 얻는 감각적 과정을 집중적으로 노래해간다. 그 이면에 캄캄한 깊이를 거느린 언어의 심연 속에서 그의 시는 자연 사물과 인간이 공명하면서 그려내는 파동을 담아내고 있다. 이때 사물들은 제 몫의 물질성을 그대로 유지하면서도 우리 일상에서 어떤 지혜나 경험을 회복해주는 상징적 장치로 차츰 변모해간다. 이러한 모습은 대상을 바라보는 시인의 독자적 태도나 관점에서 빚어지는 것일 터이다. 그렇게 정군수 시인은 인간과 자연의 상호 의존성을 생명의 경이로 노래하는 시편들에 이르러 그러한 태도와 관점을 적극적으로 드러낸다. 결국 그는 자연 사물과 인간의 상호 공명 과정을 노래하는 시편을 통해 가장 구체적이고 심미적인 풍경을 채집해가는 것이다. 그러니 자연스럽게 시인이 포착한 사물의 존재 방식은 시인 자신의 원형으로 치환되고 존재의 심층에 가라앉은 삶의 이법(理法)에 대한 사유를 가능케 해주는 형식으로 화한다. 다양한 자연 사물의 존재 방식을 통해 삶의 비의(秘義)에 도달하려는 이러한 의지는 양도할 수 없는 서정시의 지표로 각인되는 동시에 자연 사물 속에 내재한 소멸과 신생의 원리에 대한 사유를 수행하게 해준다. 살아가면서 느낄 법한 삶의 이치를 담아내는 데 남다른 적공(積功)을 들이는 이러한 시인의 시선이야말로 오랜 시간 쌓아온 연륜을 한결 선명하게 보여준다 할 것이다.

> 큰 별이 가끔
> 하늘 뒤로 숨는 것은
> 작은 별들이 반짝이게 하기 위해서다
>
> 큰 별만 반짝이면 하늘은 너무 작아
> 작은 별들은 눈부셔서 살 수 없다
>
> 보석을 뿌려놓은 듯
> 밤하늘이 아름다운 것은
> 큰 별이 뒤에서 작은 별들을
> 자꾸 앞으로 밀어내기 때문이다
> ―「밤하늘이 아름다운 이유」 전문

정군수 시인의 시선은 작은 별을 반짝이게 해주려고 가끔씩 하늘 뒤로 숨어버리는 큰 별을 향한다. 만약 밤하늘에서 오롯이 큰 별만 빛난다면 작은 별들은 눈이 부셔서 빛으로 존재하기 어려웠을 것이다. 이러한 호혜적 공존의 지혜가 '시인 정군수'를 탄생시킨다. 아닌 게 아니라 큰 별들은 작은 별들을 밤하늘이라는 무대로 밀어내고 스스로 숨어버리는 모습을 보여줌으로써 공존의 지혜를 암시해준다. "보석을 뿌려놓은 듯/밤하늘이 아름다운" 이유가 여기에 있을 것이다. 그러므로 자연 사물들은 "꽃 다 진 산언덕/손 흔들던 봄날을 기억하는 사람"(「낙화」)처럼 소멸과 생성의 원리를 한 몸으로 결속하여 든든하고도 은은한 항구적 질서를 견지하고 있는 것이 아니겠는가. 정군수 시인의 시적 혜안은 이처럼 자연 사물의 숨은 비밀을 응시함으로써 얻어지는 것인 셈이다. 다음은 또 어떠한가.

꽃은 현재형이다
오늘 꽃이 피고 오늘 꽃이 진다

그가 묻어두고 온 과거도
그가 몰고 올 미래도 현재형이다

꽃은 피는 의미를 말하지 않는다

허공으로 지는 자유를 생각하지 않는다

꽃 속을 간다
꽃의 진실을 찾으러 간다

—「꽃을 찾아서」 전문

  꽃은 오늘도 피고 지는 일을 멈추지 않는다. 그 점에서 "꽃은 현재형"이 아닐 수 없다. 예전에도 그랬고 미래에도 그러할 개화와 낙화의 엄연한 반복성은 그렇게 "그가 묻어두고 온 과거도/그가 몰고 올 미래도 현재형"으로 만들어준다. 그러니 당연히 꽃은 자신이 "피는 의미"를 말하지 않고 "허공으로 지는 자유"를 생각하지 않는 것이다. 그저 스스로 존재할 뿐이다. 그러한 꽃의 자존(自存)과 현재적 진실을 찾아서 시인은 오늘도 "꽃 속"을 걸어가고 있다. 꽃을 찾아 나선 시인의 발걸음은 여기서 '시'를 찾거나 '삶'을 찾는 과정과 은유적으로 겹치게 되는데, 그것은 아름답게 꽃이 피어나도 "낙화가 있어 꽃은 아름답다"(「낙화 이후」)는 고백이 이어지듯, '시'도 '삶'도 수많은 상승과 하강, 빛과 어둠, 생성과 소멸의 굴곡을 우리에게 선사하기 때문일 것이다. 이후로도 정군수 시인은 "꽃들의 노래가 숨어버린 산길"(「백련사 겨울로 가는」)을 찾아 나설 것이 분명하다.

이처럼 정군수 시인은 자신의 기억 속에 잔영(殘影)처럼 남은 자연 사물과 함께 '시'와 '삶'에 대한 가장 근원적인 사유를 수행해간다. 시인은 자연을 있는 그대로 관찰하면서 뭇 생명들이 어울려 공존하는 지혜를 그로부터 얻어간다. 인간 지성이 점차 고양되면서 인간은 자연을 지배할 수 있다고 믿게 되었지만 사실은 가장 근원적인 사유와 감각을 자연으로부터 얻을 수밖에 없다는 엄연한 진실을 노래한다는 점에서, 정군수 시인은 이 시대에 가장 긴요하고 귀한 사유 방식을 보여준 것이다. 그 안에는 그리움으로 불러보는 근원적 가치들이 내내 출렁이고 있다. 아닌 게 아니라 시인은 자연 속에서, 자연과 더불어, 결핍과 불모의 기억을 수습하고 거기 숯처럼 견고하게 결정(結晶)된 상상력을 발화하는 면모를 보여준다. 뭇 존재자들의 실존을 불가피한 형식으로 노래하면서도 다른 한편으로는 지상의 모든 존재자들을 따뜻하게 감싸안는 크나큰 품을 암시하는 것이다. 그는 오랜 기억을 섬세하게 드러내면서 중심으로부터 지워져가는 존재자들을 실감 있게 복원해내기도 하는데, 이는 그가 한결같이 약하고 소외된 존재자들을 각별하게 옹호하는 마음을 가지고 있음을 선명하게 알려준다. 한편으로는 첨예하고 구체적인 스스로의 기억으로, 다른 한편으로 대상을 향한 지극한 사랑의 마음으로, 정군수 시편이 앞으로도 간단없이 퍼져갈 것을 강렬하게 예감케 해주는 장면이 아닐 수 없다. 그 사랑의 마음은 자연 사물에 수없이 빗대어 펼쳐지고 있다. 그만큼 이번 시집에는 삶의 근원적 배경이자 궁극의 거소(居所)로서의 자연이 아름답게 펼쳐져 있는 것이다.

3. 존재론적 기원(起源)의 회상과 현재화

우리가 잘 알듯이 서정시는 시간 경험에 대한 사후(事後)적 회상의 형식으로 씌어지는 경우가 많다. 특별히 그것이 과거에 대한 그리움을 통해 존재론적 긍정의 마음을 담을 때는 더더욱 시간 경험의 재구성이라는 양식적 특성을 확장해가게 마련이다. 또한 그 저류(底流)에는 지난날에 대한 열망의 언어가 흐르고 있고, 애잔하기 그지없는 서정적 회감(回感)의 마음도 충일하게 번져가곤 한다. 개인의 인성 형성이나 학습 결과가 유년 시절의 경험에 결정적 영향을 받는다는 것이 정신분석학의 정설임을 생각해볼 때, 서정시는 지난날의 기억을 통해 본래적 자아를 회복하려는 미학적 의지를 담고 있는 경우가 많다고 할 수 있을 것이다. 정군수 시인은 오랜 기억에 각인된 근원적 가치를 현재형으로 회복하려는 열망을 강렬하게 보여줌으로써, 일종의 존재론적 기원(起源)에 관한 회상과 성찰의 작업을 지속적으로 이루어간다. 지나온 시간에 대한 경험적 재현을 통해 기원에 관한 형상화를 일관되게 꾀함으로써 시간의 흐름을 다스리고 시간에 대한 심미적 초월을 거듭 희원하고 있는 것이다. 그 미학적 중심에 그의 오래고도 오랜 기억들이 이렇게 숨쉬고 있지 않은가.

> 언덕길 황토밭에 참깨꽃 초롱초롱
> 시집 온 이레 만에 마실 나온 수줍은 꽃
> 새색시 볼같이 붉은
> 내 어머니 참깨꽃
>
> 어머니 호밋자루 길었던 초여름날
> 아버지 풀지게 위 꽃나비 하늘 난다
> 꾀꼬리 울음 뒤에서
> 익어가던 참깨꽃
>
> 아버지 걸어오신 황토밭 반백 년 길
> 어머니 먼길 떠나 잡초만 우거졌네
> 참깨꽃 이울어 이울어
> 묵정밭이 되었지
>
> ―「참깨꽃」 전문

시인은 '참깨꽃'이라는 은유를 통해 스스로의 기원에 가닿는다. 먼저 언덕길 황토밭에 초롱초롱 피어난 '참깨꽃'은 시집 온 지 이레 만에 마실 나온, 수줍은 새색시 볼같이 붉은 "내 어머니 참깨꽃"으로 비유적 명명을 얻다. 여기서 초롱초롱 피어난 어머니의 젊은 날이 더없이 붉은 수줍음으로 재현된다. 이어서 시인은 "어머니 호밋자루"와 "아버지 풀지게"를 감싸던 초여름날의 햇살과 꽃나비 그리고 꾀꼬리 울음 뒤에서 익어가던 '참깨꽃'을 불러와 그분들의 젊은 노동과 삶을 자신의 현재형으로 각인한다. 이제 "아버지 걸어오신 황토밭 반백 년 길"이 펼쳐져 있고 어머니는 먼길 떠나셔서 잡초만 우거진 곳에 '참깨꽃'은 이울고 이울어 "묵정밭"이 되었다는 묘사가 오랜 세월을 온몸으로 안고 살아오신 그분들에 대한 헌사이자 그리움의 속살을 담은 화폭임을 잘 보여준다. 그렇게 '참깨꽃'은 두 분을 연상시키는 은유적 상관물로서 우뚝하고 애틋하고 선명하기만 하다. 한때 "목선을 타고 가는 소년"(「옥수수밭 푸른 바다」)이었던 시인도 이제 "해가 뜰 때 꽃잎에 맺힌 하얀 눈물"(「꽃의 만장輓章」)을 그리워하면서 천천히 그 '참깨꽃'을 망연히 바라보고 있을 뿐이다.

어머니를 부르면
점점 커져

하늘까지 갔다

내게 돌아오지만

내 이름을 부르면

점점 작아져

산울림이 되어

멀리 사라진다

—「어머니 이름」 전문

종갓집 마당에 대추나무 한 그루 자라는 것은

먼 옛날이 뿌리로 스미는 일이다

현재와 미래가

열매를 달고 한꺼번에 몰려오는 일이다

—「종갓집 대추나무」 중에서

어머니 이름을 불러보는 시인의 목소리는 점점 커져 하늘까지 올랐다가 다시 시인에게로 돌아온다. 반면 시인이 자신의 이름을 부르면 그것은 점점 작아졌다가 산울림이 되어 사라져갈 뿐이다. 어머니 이름이 하늘까지 오른 반면 자신의 이름은 산울림으로 사라져가는 것의 대조를 통해 시인은 어머니의 존재를 더없이 고귀하고 아름답게 새겨 놓았다. 그리고 '종갓집 대추나무'를 통해서는 "먼 옛날이 뿌리로 스미는 일"을 떠올림으로써 자신의 기원을 찾아내는 순간을 부조(浮彫)하고 있다. 종갓집 마당에 대추나무 한 그루 자라는 것이야말로 "현재와 미래가/열매를 달고 한꺼번에 몰려오는 일"이라는 해석은 "서설 맞고 태어나는 산봉우리"(「서설瑞雪」)가 "얼지 않는 곳에 심장 한 조각을 지니려고"(「소리」) 뿌리의 힘까지 다하는 생명의 존재론을 다시 한 번 굳게 설파하는 대목이 아닐 수 없을 것이다.

결국 정군수 시인은 삶의 오랜 기억을 노래하면서 지나온 시간에 대한 강렬한 그리움을 우리에게 들려준다. 이때 시인은 물리적 현실이 아닌 일종의 시적 현실을 구성하게 되는데, 그것은 시인의 경험과 기억 안에서 구성된 상상적 장면에서 환기되는 것이다. 여기에는 시인의 존재론적 사유가 한 몸으로 결속하는 순간이 수없이 들어 있기도 할 것이다. 그래서 시인은 자신이 창조한 시적 현실을 통해 인간의 근원적 조건을 아련하게 암시하면서 지상의 삶이 가지는 속성을 낱낱의 아름다움으로 우리에게 보여준다. 그 가운데 부모님으로 대변되는 존재론적 기원의 회상과 현재화를 통해, 우리를 둘러싼 수많은 생명과 그 생명을 보듬고 있는 뿌리를 지속적으로 형상화해간 것이다. 이러한 시인의 면모야말로 융융하고 심원한 자신만의 사유를 "먼 옛날이 뿌리로 스미는 일"로 보여준 구체적 실례일 것이다.

4. 귀환과 사랑을 통한 자기 확인의 방법론

우리가 보기에 정군수는 자신을 둘러싸고 있는 사물들로 시선을 확장했다가 다시 스스로에게 돌아오는 일종의 재귀적 특성을 일관되게 견지하고 있는 전형적인 서정시인이다. 그의 시편은 정성스러운 자기 확인의 과정과 함께 우리 삶의 다양한 원심적 원리에 대한 정치한 사유를 동시에 드러내고 있다. 이때 우리는 그의 시를 통해 삶에 보편적으로 깃들인 그리움과 슬픔의 치유 가능성을 경험하게 되고, 나아가 넉넉하고도 환한 자기 긍정의 마음에 도달하게 된다. 그리고 그 치유와 긍정의 과정을 가능하게 한 정서적 원질(原質)로서 은은하고도 든든한 '사랑'의 힘을 만나게 된다. 정군수 시인의 순수무구한 시선과 명료한 목소리가 이러한 과제를 충실하게 풀어가게끔 해주고 있는 것이다. 특별히 우리는 그의 목소리가 세상의 여러 부정적 명제들을 긍정적인 것으로 바꾸어놓는 과정을 수없이 접하게 되는데, 그럼으로써 우리는 가장 근원적인 생각에 가닿고 나아가 이 모든 것이 시인의 오랜 귀환과 사랑의 의지에서 가능한 것임을 비로소 알아가게 된다. 다음 시편을 읽어보도록 하자.

가지를 떠난 나뭇잎이

흙으로 돌아갈 때까지의 시간은
내 삶의 여정보다 길다

봄날의 눈부심
무성한 녹음, 황홀한 단풍 숲을 지나
허공의 층계를 내려오는 나뭇잎

태어난 곳으로 날아가는 낙하
눈 한 번 감으면 잦아드는 내 안의 숨소리보다
바위를 만나면 돌아서 가는 내 발길의 힘듦보다
나뭇잎이 살아온 시간은 크다

가벼이 가벼이 날으는 나뭇잎
세찬 바람에 몰려가는 나뭇잎
하늘의 끄트머리를 돌아 찾아오는 귀향

나뭇잎이 자기를 떠나 흙으로 가는 길은
내가 늙어가는 하늘길보다 밝다
—「귀향의 시간」전문

오래 꿈꾸어온 흔연한 서정적 귀환을 통해 정군수 시인은 자신의 본령을 회복하고 정성스러운 자기 확인의 방법론을 다시 이루어간다. 자신이 살아온 삶의 여정보다 "가지를 떠난 나뭇잎이/흙으로 돌아갈 때까지의 시간"이 더 길고 유장하다는 발견은 그 자체로 자연의 은총을 통해 궁극적 귀향을 하고자 하는 시인의 남모를 의지를 비유적으로 알려준다. 봄 여름 가을의 눈부시고 무성하고 황홀한 시간을 지나 이제 "허공의 층계 내려오는" 소멸의 시간을 맞은 나뭇잎은 자기가 태어난 곳으로 다시 날아가는 것이다. "눈 한 번 감으면 잦아드는 내 안의 숨소리"나 "바위를 만나면 돌아서 가는 내 발길의 힘듦"보다 나뭇잎이 살아온 시간은 훨씬 큰 것이 아닌가. 그렇게 가벼이 날으는 나뭇잎처럼 이제 시인도 "하늘의 끄트머리를 돌아 찾아오는 귀향"을 준비하고 있는 것이다. "자기를 떠나 흙으로 가는 길"에 들어선 나뭇잎이 시인이 "늙어가는 하늘길"을 밝혀줄 것이므로, 시인은 귀향의 시간을 걸음으로써 "언제 시가 될지 모르는/푸른 바다와 산호초를 짊어지고 집으로"(「옥수수밭 푸른 바다」) 돌아갈 것이다. 자신이 "가고 싶은 길이 나의 문"(「문」)이 될 것임을 믿으면서 말이다.

시를 찾아가던 소년이
하늘 뒤에 시가 있다는 것을 알고

죽어라 하늘을 허물다가
늙어버렸다

시 하나 찾지 못하고
늙어버린 소년은

지금도 하늘을 허물고 있다
                    —「하늘 허물기」 전문

금산사 해탈문 지나
모악산 오르는 길
부부 소나무가 팔과 팔이 한 몸이 되어
푸른 머리를 하늘에 두르고 살고 있었다

사람들은 그 나무를 연리지라 불렀다

그러나 지금은 아니다
우듬지가 부러진 남편은
삭신 앓는 아내에게 몸을 부리고
남은 살점을 바람에 말리고 있었다

부부는 이제 바짝 마른 몸을 서로 껴안고

해탈문으로 들어가고 있었다

—「사랑 1」 전문

  이번 시집의 표제작에서 시인은 "시를 찾아가던 소년"이 이제 시가 하늘 뒤에 있음을 알게 되었다고 고백한다. "죽어라 하늘을 허물다가/늙어"버린 자신을 토로하는 것이다. '시인 정군수'는 어느새 "시 하나 찾지 못하고/늙어버린 소년"이 되어 지금도 '하늘 허물기'를 지속하고 있다. 여기서 '하늘 허물기'는 온몸으로 수행해가는 '시쓰기'의 은유일 것이다. 오체투지(五體投地)에 가까운 실존적 자기 수행의 원리가 되고도 남을 것이다. 결국 '하늘 허물기'는 '시'와 '삶'을 향한 시인의 크나큰 사랑의 등가적 행위인 셈이다. 그렇게 사랑의 마음을 노래한 시인은 궁극적 '사랑'의 테마를 불러 모으는데, 이때 시인의 시선은 "금산사 해탈문 지나/모악산 오르는 길"에 서 있는 "부부 소나무"를 향하게 된다. 이른바 '연리지(連理枝)' 형상을 한 이 소나무들은 푸른 머리를 하늘에 두른 채 서 있는데, 우듬지가 부러지고 삭신을 앓으면서도 소나무들은 "이제 바짝 마른 몸을 서로 껴안고/해탈문으로 들어가고" 있는 게 아닌가. "함께 먼 길을 가도 좋을 사람"(「나중에 가는 사람」)처럼 부부의 사랑을 보여주는 그네들을 통해 정군수 시인은 사랑을 통한 자기 확인의 방법론을 완성해간 것이다.

결국 정군수의 신작시집 『하늘 허물기』는 드넓은 세상의 사물과 사람을 향해 던진 가장 아름다운 사랑의 언어이다. 우리는 정군수 시의 근원적이고 강렬한 에너지가 세상을 향한 긍정적 기억과 대상을 향한 가없는 사랑의 마음에 있다고 말할 수 있을 것이다. 더러 외롭고 쓸쓸한 목소리가 나타나는 경우가 있지만, 시인은 그러한 정서조차 불가피한 사랑의 언어로 바꾸어 자신의 존재 형식을 고백해가는 일관성을 잃지 않는다. 결국 정군수 시인에게 '사랑'이란 적막한 고독과 결핍 속에서 잉태되어 긍정적 기억 속에서 완성되는 둘도 없는 인간적 본질이 되어준다. 그 안에서 시인은 귀환과 사랑을 통한 자기 확인의 방법론을 확연하게 수행해간 것이다.

5. 삶의 보편적 준거들을 제공하는 흔치 않은 진정성

정군수 시인은 이번 시집을 통해 가파르고도 견고한 세상에 대한 적확한 관찰과 형상화, 그리고 삶의 본원적 이치를 담아내는 넉넉한 품과 격을 일관되게 보여주었다. 시인은 이러한 관찰과 품격을 통해 세상에 대한 적정한 은유를 펼쳐가는데, 깊은 응시와 묘사를 매개로 하여 자신이 깨달아온 삶의 이치를 들려주는 작법을 줄곧 택

한 것이다. 그럼으로써 자신의 시적 수심(水深)을 들여다 본 시인은 이러한 기율로 하여금 회고적이거나 퇴영적인 감각에 머물지 않게 배려한 것이다. 그렇게 정군수의 시는 서정시의 소통 가능성을 한층 제고하면서 세상에 휜칠하게 가닿는 과정을 아름답게 보여주었다. 이때 차용된 소재들은 한결같이 삶의 본질을 환기하는 상관물로 기능하면서 시인으로 하여금 대상에 대한 관찰과 형상화를 수월하게 해준 것이다. 정군수의 시는 이와 같이 서정시의 본래적 속성을 누구보다도 섬세하게 형상화하면서, 그 예술적 과정을 통해 삶의 엄연한 원리를 선연하게 보여주는 데 매진한 것이다.

이번 시집에서 정군수 시인이 펼쳐낸 서정의 원리는 시인 자신이 겪은 경험에 대한 잔상(殘像)에 의해 형성되고 전개되었다. 이는 시인 자신의 몸 속에 새겨진 수많은 기억을 통해 우리의 의식을 심층적으로 감동시키고 진한 상(像)으로 각인해가는 직능을 담당한다. 그리고 우리는 그가 이처럼 충실하고도 고유한 음역(音域)을 통해 삶의 보편적 준거들을 제공하는 흔치 않은 진정성을 간직한 시인임을 경험하게 된 것이다. 이러한 각별한 진정성은 지난날에 대한 강렬한 기억에 바탕을 두면서 구체성을 부여받는데, 시인은 그것을 단단하고 밝은 문장으로 실현하면서 동시에 그것으로 하여금 어둑한 마음을 밝히는 등불이 되게끔 해주고 있다. 자연 사물이 한없이 품어 기르는 생명들에 대한 아름다운 기억, 사랑하는 이들을 향한 가없는 신뢰를 보여준 것이다. 그 안에는 천진한 시선과 함께 단순하지만 아름다운 삶의 이치가 숨쉬고 있다. 또한 그는 긍정의 시선을 통해 우리가 살아가는 동안 마주치게 되는 사람이나 사물이 가지는 부정적 속성을 화해 가능한 마음으로 완전히 바꾸어놓기도 한다. 그렇지 않은가.

이제 정군수의 시는 근원적 시간을 지워버리는 세속적 효율성에서 완벽하게 벗어나 흔적이나 그림자를 따라가며 헤아릴 때 비로소 나오는 시간을 복원한 사례로서 한동안 굳건할 것이다. 그가 노래한 것은 분절적 시간에 대한 의식이 아니라 내면의 흐름으로서의 시간에 대한 의식이었기 때문이다. 그렇게 이번 시집 『하늘 허물기』는, 존재론적 원적(原籍)으로서의 사랑을 중중(重重)하게 담아낸 심미적 풍경으로, 오랫동안 우리 마음을 출렁이게 해줄 것이다. 이러한 생명과 시간에 대한 근원적 사유와 사랑의 마음을 완성한 이번 시집의 출간을 마음 깊이 축하드린다. 한 걸음 더 나아가, 앞으로도 정군수 시학이 더욱 원숙한 형상을 얻어, 우리에게 그만의 시적 거보(巨步)를 환하게 보여주기를, 마음 깊이 바라마지 않는다.

정군수 시집

하늘 허물기

인쇄 2025년 8월 1일
발행 2025년 8월 7일

지은이 정군수
발행인 서정환
펴낸곳 인간과문학사
주소 서울시 종로구 삼일대로 30길 21 종로오피스텔 809호
전화 (02) 3675-3885 (063) 275-4000
팩스 (063) 274-3131
이메일 sina321@hanmail.net
출판등록 제300-2013-10호
인쇄·제본 신아출판사

저작권자 ⓒ 2025, 정군수
이 책의 저작권은 저자에게 있습니다. 서면에 의한 저자의 허락없이 내용의
일부를 인용하거나 발췌하는 것을 금합니다.
COPYRIGHT ⓒ 2025, by Jeong Gunsu
All right reserved including the rights of reproduction in whole or
in part in any form.
저자와 협의, 인지는 생략합니다.
잘못된 책은 바꿔 드립니다.

ISBN 979-11-6084-256-2 03810
값 12,000원

Printed in KOREA